あたらしい食感を味わう　　おとなのゼリー

高石紀子　　　　家の光協会

はじめに

　冷菓といって、わたしが真っ先に思い浮かべるのは、ゼリーです。かき氷やシャーベットよりも口当たりはやさしく、アイスクリームよりも軽やか。夏の暑い日、お風呂上がり、食後に少しだけ甘いものが欲しいとき、ゼリーは軽やかにやさしく喉を通りぬけます。

　かたさを変えれば、まとう空気まで変わるところが魅力的。果物の自然な色や豊かな香りを、そのまま閉じ込められるところも好きです。

　ゼリーを作るときにわたしが大切にしているのは、食感、香り、器に入れたときの表情。この3つのことです。

「フルーツポンチのゼリーは、色のかわいい果物をたくさんちりばめた、透明感のあるゼリーにしよう。口の中に入れるとすぐにほどけるようなやわらかさにして、はかない食感に驚いてほしい」

「いちじくの寒天は、マリネとピュレのいちじくを使って、香りと食感を重ねて大人っぽく……。カットしたときの断面もきれいに見せたい」

　こんなふうにイメージしながら作ると、味も見た目もしっくりとくるゼリーになるんです。

　また、使用する凝固剤によってでき上がりの食感が違うのも楽しいところ。ゼラチンは「むっちり」、アガーは「ほろっ」、寒天は「さくさく」というように、まったく異なる特徴があります。凝固剤の量を調整してゼリーのかたさを変えれば、さらに違った食感を味わうことができます。

　簡単に作れることから、ゼリーというと子どものおやつを想像する方も多いかもしれませんが、この本では、手軽さはそのままに大人も楽しめるデザートに仕上げました。素材を生かしたシンプルなレシピが基本ですが、洋酒やハーブを加えて味に奥行きを出したり、カクテルのように、好きなゼリーを組み合わせて香りや食感を重ねたりすると、新しい味に出合うことができます。

　素材そのものよりも、素材をよりおいしく味わえる。そんなゼリーの魅力を楽しんでもらえたらうれしいです。

高石紀子

contents

ふるふる
いつものゼリー

とろりと
やわらかいゼリー

本書の使い方

・大さじ1は15㎖、小さじ1は5㎖です。
・卵はMサイズを使用しています。
・果物の重量は、へたや種などをとり除いた「正味」です。
・電子レンジの加熱時間は600Wを目安にしています。
　500Wなら1.2倍、700Wなら0.8倍を目安にしてください。

基本① ゼラチンで作る

りんごゼリー

ぷるぷるっとした食感が特徴のゼラチン。
りんごジュースで作るシンプルなゼリーで、
ゼラチンならではの弾力を感じてみてください。

● かために

ぷりっとした弾力があり、
スプーンを入れてもエッジがきれいに残ります。
口の中でゆっくり溶けていくので、
ゼリーの風味をじっくりと味わえます。

【 材料 】
容量130mlのプリンカップ5個分
りんごジュース（果汁100％）
　… 500ml
グラニュー糖 … 40g
┌ 粉ゼラチン … 10g
└ 水 … 大さじ2
レモン果汁 … 小さじ2

● ゆるめ

ぷるんとした見た目がいかにもやわらかそう。
みずみずしく、とろとろとしていて、
抵抗なくスプーンが入っていきます。
とろっとした口溶けを楽しみましょう。

【 材料 】
容量130mlのプリンカップ4個分
りんごジュース（果汁100％）
　… 400ml
グラニュー糖 … 30g
┌ 粉ゼラチン … 5g
└ 水 … 大さじ1
レモン果汁 … 小さじ2

【 作り方 】

1 小さなボウルに水を入れ、粉ゼラチンをふり入れて混ぜる。

＊ゼラチンに水を加えるとダマになりやすいので、水にゼラチンをふり入れる。

2 小鍋にりんごジュースとグラニュー糖を入れ、中火にかける。

3 ゴムべらで混ぜながら温め、砂糖が溶けて60℃くらいになったら火を止める。

＊熱い液体にゼラチンを溶かすと、濁りや臭いの原因になるので沸騰させない。鍋肌に小さな泡がつきはじめたら、約60℃。

4 ふやかしたゼラチンを加え、混ぜて溶かす。レモン果汁を加えて混ぜる。

＊固まりにくくなることがあるので、ゼラチンを入れたら加熱しない。

5 ボウルに移し、底を氷水に当てながら混ぜて粗熱をとる。ゼリー液が冷え、とろみがついてくればよい。

＊手早く冷ましたいので、ボウルに移す。氷水に当て、ボウルを回しながら混ぜると急冷できる。

6 型を軽く水でぬらし、5を等分に注ぎ入れる。表面が泡立っていたらスプーンでとり除く。かためは冷蔵庫で3時間以上、ゆるめは8時間以上冷やし固める。

＊固まるまではラップをかけない。やわらかいゼリーはゆっくりと固まるので、時間がかかる。

ゼラチン

動物の骨や皮に含まれるコラーゲンというたんぱく質から作られます。弾力性、粘性があり、やわらかく、ぷるんとした食感が特徴。粉ゼラチンと板ゼラチンがありますが、本書では扱いやすい粉ゼラチンを使います。

【 扱い方のポイント 】

・ふやかす必要のないゼラチンも、本書では水でふやかしてから液体に溶かしています。
・ゼラチンは熱に弱いので、溶かしたあとの液体は加熱しないようにします。
・酵素に弱く、キウイフルーツやパイナップルなどを使うと固まらない場合があります。加える際には、果汁をしっかり加熱し、酵素の働きを止めてからゼラチンに合わせます（p.20のマンゴーゼリーなど）。
・20℃以下で固まり、25℃以上で溶けるので、夏場は注意が必要です。

基本② アガーで作る

ルイボスティーゼリー

つるんとした舌触りが新鮮なアガー。
透明度が高く、無味無臭なところも特長です。
ルイボスティーの色や香りを存分に楽しめます。

● かため

ゼラチンと寒天の中間のような
サクッとしてぷるんとした不思議な食感。
舌触りはなめらかで、するすると喉を通りすぎ、
どこまでもスムーズな食べ心地です。

【 材料 】
容量130mℓのプリンカップ4個分
ルイボスティーのティーバッグ
　　… 4袋（10g）
熱湯 … 350mℓ
水 … 120mℓ
　┌ アガー … 7g
　└ グラニュー糖 … 40g

● ゆるめ

スプーンを入れると、液体のような
とろけるやわらかさを感じます。
口に含むと、たっぷりと抱き込まれた水分が
じゅわっとあふれ出します。

【 材料 】
容量130mℓのプリンカップ3個分
ルイボスティーのティーバッグ
　　… 3袋（7.5g）
熱湯 … 300mℓ
水 … 100mℓ
　┌ アガー … 3g
　└ グラニュー糖 … 35g

【 作り方 】

1

小さなボウルにアガーとグラニュー糖を入れ、よく混ぜる。

＊アガーは、グラニュー糖と混ぜておくと、液体に加えたときにダマになることを防げる。

2

耐熱容器に熱湯とティーバッグを入れ、ラップをかけて3分蒸らし、かためは280㎖、ゆるめは230㎖抽出する。

3

小鍋に水を入れ、1を少しずつふり入れながら、ゴムべらで混ぜる。

＊ダマになりやすいので、水を混ぜているところに、少しずつふり入れる。

4

絶えず混ぜながら中火にかける。沸騰したら弱火にし、混ぜ続けながらさらに1分ほど加熱する。

＊沸騰直前で火から下ろすなど、扱い方の違うアガーもあるが、本書では「イナアガーA」を使った場合の扱い方を紹介。

5

火を止め、2のルイボスティーを2～3回に分けて加え、そのつどよく混ぜる。

＊アガー液に冷たい液体を加えると、ゼリーが分離してしまうので、室温以上の液体を数回に分けて加える。

6

型を軽く水でぬらし、5を等分に注ぎ入れる。表面が泡立っていたらスプーンでとり除く。室温で冷まし、粗熱がとれたら冷蔵庫で3時間以上冷やし固める。

＊すぐに固まりはじめるうえ、固まりだしてから揺らしたり、混ぜたりすると固まらなくなるので、手早く注ぎ入れる。固まるまではラップをかけない。

アガー

海藻やマメ科植物などの抽出物を原料とした、植物性ゼリーの素です。つるんとした食感と透明度の高さが特徴。常温でも固まるので、持ち運びも可能です。商品によって、含まれる材料や扱い方が異なりますが、本書では「イナアガーA」を使っています。

【 扱い方のポイント 】

・温かいアガー液に冷たいものを加えると、均一に固まらないので、フルーツや液体は室温に戻すか、温かいものを使います。液体は、何回かに分けてアガー液に加えて混ぜ、温度が均一になるようにします。
・商品にもよりますが、35～60℃で固まりはじめるので、手早く型や器に注ぎ入れましょう。
・時間がたったり崩れたりすると、水がしみ出てきます（離水）。スプーンですくったり包丁で切ったりして盛りつけるのは、食べる直前に。

やわらかいほど、離水するスピードが速い。

基本③ 寒天で作る

ミルク寒天

寒天には、サクッとした歯切れのよさと、
口の中でほろほろと崩れる、独特の食感があります。
おなじみのミルク寒天も、かたさが違うと別物です。

● かため

しっかりとかために固めると、
寒天ならではの歯ごたえを感じやすくなり、
さっぱりといただけます。
弾力はないので、スッとスプーンが入ります。

【 材料 】
容量130mℓのプリンカップ4個分
牛乳 … 300mℓ
┌ 粉寒天 … 2g
└ 水 … 100mℓ
グラニュー糖 … 30g

● ゆるめ

寒天特有の舌触りはあるものの、
みずみずしさ、やわらかさが際立ちます。
ほろっと崩れて流れるような食感は、
まるで飲み物のようです。

【 材料 】
容量130mℓのプリンカップ5個分
牛乳 … 400mℓ
┌ 粉寒天 … 1g
└ 水 … 100mℓ
グラニュー糖 … 40g

【 下準備 】　　牛乳は室温に戻す。

＊温度の差で寒天が分離するのを防ぐため。
冷蔵庫から出したてのものを使う場合には、
電子レンジで人肌程度に温める。

【 作り方 】

1 小鍋に水と粉寒天を入れ、ゴムべらでよく混ぜる。絶えず混ぜながら中火にかける。

2 沸騰したら弱火にし、混ぜ続けながらさらに1分ほど加熱する。

＊寒天は溶けにくいので、十分に沸騰させて完全に溶かす。

3 火を止めて、グラニュー糖を加えて混ぜる。

4 グラニュー糖が溶けたら牛乳を2回に分けて加え、そのつどよく混ぜる。

＊寒天液の温度が急に下がると寒天が分離することがあるので、液体は室温以上にし、数回に分けて加える。

5 鍋底を冷水に当てながら混ぜて粗熱をとり、40℃くらいまで冷ます。

＊水がぬるくなったら入れ替える。鍋底が触れるくらいの熱さになったら寒天液に指を入れ、ほんのり温かければ約40℃。

6 型を軽く水でぬらし、5を等分に注ぎ入れる。表面が泡立っていたらスプーンでとり除き、冷蔵庫で3時間以上冷やし固める。

＊すぐに固まりはじめるので、手早く注ぎ入れる。固まるまではラップをかけない。

寒天

オゴノリ、テングサなどの海藻の粘り成分を凝固、乾燥させて作られます。サクッとした歯切れのよい食感が特徴。室温でも固まるので、持ち運びも可能です。糸寒天、棒寒天などもありますが、本書では扱いやすい粉寒天を使います。

【 扱い方のポイント 】

・温かい寒天液に冷たいものを加えると、均一に固まらないので、フルーツや液体は室温に戻すか、温めてから使います。液体は、何回かに分けて寒天液に加えて混ぜ、温度が均一になるようにします。
・30〜40℃で固まりはじめるので、手早く型や器に注ぎ入れましょう。
・時間がたったり崩れたりすると、水がしみ出てきます（離水）。スプーンですくったり包丁で切ったりして盛りつけるのは、食べる直前に。

やわらかいほど、離水するスピードが速い。

この本で使った型、容器

A 大きめの型
ババロアやテリーヌなど、大きく作りたいときに。エンゼル型、パウンド型など、ステンレス製かアルミ製のものを。

B 容器・バット
大きく固めて、スプーンですくったりして盛りつけるゼリーに。18×12×高さ6cm程度のものがひとつあると便利。

C 流し缶
切り分けて食べる寒天などを作るときに。本書では14×11×高さ4.5cmと、12×7.5×高さ4.5cmのものを使用。

D トヨ型
円筒を縦半分にしたような形の型。羊羹などに。樹脂製のものやステンレス製のものがある。

E 小さめの型
ゼリーを1人分ずつ作るときに。容量100ml前後でステンレス製やアルミ製のものが使いやすい。

型からの外し方

● ゼラチンの場合

1 60℃くらいの湯に型を1〜2秒つける。

2 水でぬらしたスプーンの背や指でゼリーの縁を軽く押さえ、型からゼリーをはがす。

3 型の上に皿をかぶせて逆さにし、軽くふる。

● アガー、寒天の場合

1 水でぬらしたスプーンの背や指でゼリーの縁を軽く押さえ、型からゼリーをはがす。

2 型とゼリーの間にパレットナイフを差し込み、空気を入れる。

3 型の上に皿をかぶせ、ひっくり返す。

ふるふる
いつものゼリー

ゼリーと聞いて、多くの人が思い浮かべるのは
型で抜いた、かわいらしい姿ではないでしょうか。
そんな、ふるふるっとしたベーシックなゼリーを紹介します。
フルーツの皮を器にして切り分けて食べるなど、
遊び心のあるメニューも、ぜひ楽しんでみてください。

いちごゼリー

いちごから出る自然な赤色が美しいゼリー。
キルシュの香りがいちごの甘さを引き締め、
大人っぽい味わいになります。

【 材料 】

容量130mℓのプリンカップ3個分

いちご … 190g

シロップ
| グラニュー糖 … 20g
| 水 … 100mℓ
[アガー … 5g
[グラニュー糖 … 20g
水 … 70mℓ
キルシュ（好みで）… 小さじ2

【 下準備 】

・いちごはへたをとり、100gはそのままにし、90gは縦半分に切る。
・アガーとグラニュー糖はよく混ぜ合わせる。

1　小鍋にシロップの材料といちご100gを入れ、中火にかける（a）。沸騰したら落としぶたをして弱火で10分煮る（b）。

2　いちごから赤い色が抜けたら、ボウルに受けながらこし器でこし、へらでいちごを押してエキスを搾り出し、シロップ150mℓをとり分ける（c）。足りなければ水を足す。

3　小鍋に水を入れ、混ぜたアガーとグラニュー糖を少しずつふり入れながら、ゴムべらで混ぜる。絶えず混ぜながら中火にかけ、沸騰したら弱火にし、混ぜ続けながらさらに1分ほど加熱する。

4　火を止め、2のシロップを2回に分けて加え、そのつどよく混ぜる。さらに、キルシュを加えて混ぜる。

5　型を軽く水でぬらし、縦半分に切ったいちごを等分に入れる。4のゼリー液を数回に分けて静かに注ぎ入れる（d）。粗熱がとれたら冷蔵庫で3時間以上冷やし固める。

6　型から外して器に盛り、縦半分に切ったいちご適量（分量外）を飾る。

memo　いちごは、断面と表面がバランスよく見えるように型に入れるときれい。ゼリー液を注ぎ入れてから、箸で静かに押していちごの位置を調整してもよい（e）。

a

b

c

d

e

● キルシュ

キルシュワッサーともいい、発酵させたさくらんぼの果汁から造られる無色透明の蒸留酒。フルーティーな香りがあるが、甘みはない。いちごなどのベリー系のフルーツなどと相性がよい。

まるごとメロンゼリー

メロンの皮を器に、ゼリーをたっぷり詰めた
メロン好きのための、ぜいたくな一品です。
カットしてクリームシャンティを添えて。

【 材料 】

直径15cmのメロン½個分

メロン … ½個（280g）

水 … 120㎖

┌ アガー … 10g
└ グラニュー糖 … 30g

レモン果汁 … 小さじ2

キルシュ（好みで）… 小さじ2

クリームシャンティ
　┌ 生クリーム（乳脂肪分42%）
　│　　… 100㎖
　└ グラニュー糖 … 小さじ2

【 下準備 】

・メロンは室温に戻す。

・アガーとグラニュー糖はよく混ぜ
　合わせる。

1　メロンは種をとり除いて茶こしなどに入れ、まわりの果汁をボウルに
　こしとる（a）。果肉はスプーンですくいとってボウルに入れる（b）。
　果汁と果肉をミキサーにかけ、280㎖をとり分ける。足りない分は水
　を足す。

2　ラップをドーナツ状に丸めたものをバットに置き、その上に皮をのせ
　て固定する（c）。

3　小鍋に水を入れ、混ぜたアガーとグラニュー糖を少しずつふり入れな
　がら、ゴムべらで混ぜる。絶えず混ぜながら中火にかけ、沸騰したら
　弱火にし、混ぜ続けながらさらに1分ほど加熱する。

4　火を止め、1を2〜3回に分けて加え、手早く混ぜる。レモン果汁、
　キルシュを順に加えて混ぜる。

5　2に静かに注ぎ入れ、パレットナイフで液面と皮をなじませる（d）。
　ゼリーが固まり、粗熱がとれたら冷蔵庫で3時間ほど冷やす。

6　クリームシャンティの材料をボウルに入れ、ボウルの底を氷水に当て
　ながら、ハンドミキサーで七分立てにする。

7　5のゼリーを包丁で切り分けて器に盛り、6のクリームシャンティを
　添える。

memo　アガーをゼラチンで代用すると、メロンの酵素の働きで固まらないの
　　　で注意。メロンは赤肉のものに、キルシュはコアントローに替えても
　　　おいしい。

a

b

c

d

いちじく寒天

キルシュでマリネしたいちじくを
いちじくピュレの寒天液で固めました。
ふたつの食感を味わえる涼菓です。

【 材料 】

14×11×高さ4.5cmの流し缶1台分

いちじくのピュレ
| いちじく … 3個（250g）
| レモン果汁 … 小さじ2
| グラニュー糖 … 10g

いちじくのマリネ
| いちじく … 2個
| グラニュー糖 … 小さじ½
| キルシュ … 小さじ1

┌ 粉寒天 … 2g
└ 水 … 150mℓ

グラニュー糖 … 10g
キルシュ … 大さじ1

【 下準備 】

・ピュレ用、マリネ用ともに、いちじくは熱湯に10秒ほどくぐらせてから氷水にとり、湯むきをする。皮がむきにくい場合は筋にそってスプーンでなでるようにするとむきやすい（a）。

1 湯むきをしたピュレ用のいちじくは一口大に切ってボウルに入れ、レモン果汁とグラニュー糖を加えて混ぜ合わせる。ラップをかけて冷蔵庫で30分ほどおく（b、左）。残りのマリネ用のいちじくは、⅙のくし形切りにしてボウルに入れ、グラニュー糖とキルシュをかけてやさしく混ぜ合わせる。ラップをかけて冷蔵庫で30分ほどおく（b、右）。

2 ピュレ用のいちじくはブレンダーでピュレ状にし（c）、室温に戻す。

3 小鍋に水と粉寒天を入れてゴムべらでよく混ぜる。絶えず混ぜながら中火にかけ、沸騰したら弱火にし、混ぜ続けながらさらに1分ほど加熱する。

4 火を止めて、グラニュー糖を加えて混ぜる。グラニュー糖が溶けたら2を2～3回に分けて加え、そのつどよく混ぜる。キルシュを加えて混ぜる。

5 鍋底を冷水に当てながら混ぜて粗熱をとり、40℃くらいまで冷ます。

6 流し缶を軽く水でぬらし、いちじくのマリネを並べる。5の寒天液をいちじくが半分つかるくらいまで静かに注ぎ入れる（d）。ゆるく固まったら残りの寒天液を注ぎ入れ、冷蔵庫で3時間以上冷やし固める。

7 型を逆さにして取り出し、底板を外す。好みの大きさに切り、器に盛る。

memo ピュレにするいちじくは完熟したもの、マリネにするいちじくは少しかためのものがよい。

a

b

c

d

マンゴーゼリー

ねっとりとしたマンゴーにはゼラチンが好相性。
青々とした香りのバジルのグラニテを合わせれば
濃厚な甘さのマンゴーも、さっぱりといただけます。

【 材料 】

容量75mℓのオーバル型5個分

マンゴー（Lサイズ）
　… 1個（200g）

水 … 140mℓ

グラニュー糖 … 35g

┌ 粉ゼラチン … 5 g

└ 水 … 大さじ1

レモン果汁 … 小さじ1

バジルのグラニテ

｜　水 … 150mℓ

｜　バジルの葉 … 15g

｜　グラニュー糖 … 30g

｜　レモン果汁 … 大さじ1½

【 下準備 】

・ゼラチンは水でふやかす。

1　マンゴーは皮をむいて種をとり除き、一口大に切る。水の一部（大さじ1〜2）と合わせてブレンダーでピュレ状にする（a）。

2　小鍋に1と残りの水、グラニュー糖を入れて中火にかけ、しっかり沸騰したら（b）火を止める。

3　ふやかしたゼラチンを加え、ゴムべらで混ぜて溶かす。レモン果汁を加えて混ぜ、ボウルに移す。

4　ボウルの底を氷水に当てながら混ぜ、粗熱をとる。とろみがついたら軽く水でぬらした型に注ぎ入れ、冷蔵庫で3時間以上冷やし固める。

5　バジルのグラニテを作る。小鍋に水、バジルの葉、グラニュー糖を入れて中火にかける。沸騰したら火を止めてふたをし、5〜10分おいてバジルの香りを移す。バジルの葉をとり除いてレモン果汁を加える。粗熱をとってバットに流し入れ、冷凍庫で凍らせる。固まりかけたらフォークの背で崩す。密閉できる保存袋に入れ、ときどき袋の上から手でもんでほぐしながら固めてもよい（c）。

6　4のゼリーを型から外して器に盛り、5のグラニテをのせる。

memo　マンゴーの加熱が不十分だと固まらない場合があるので、しっかり加熱し、酵素の働きを止めてからゼラチンと合わせる。

a

b

c

桃のテリーヌ

夏のおもてなしにぜひ作りたいテリーヌは
桃のおいしさがたっぷりと詰まっています。
コンポートにするので、桃はかためのものを。

【 材料 】

18×8.5×高さ6cmのパウンド型1台分

桃のピュレ

> 桃のコンポート（下記参照）
> … 150g
> コンポートのシロップ
> … 150mℓ

桃のコンポート … 200g

> 粉寒天 … 2g
> 水 … 100mℓ

グラニュー糖 … 10g

【 下準備 】

・桃のピュレの材料は室温に戻す。

・桃のコンポート200gは薄いくし形切りにする。

・ラップの上に型を置き、周囲を覆うように包む（寒天液が流れ出るのを防ぐ）。

1　桃のピュレの材料を容器に入れ、ブレンダーでピュレ状にする。

2　小鍋に水と粉寒天を入れてゴムべらでよく混ぜる。絶えず混ぜながら中火にかけ、沸騰したら弱火にし、混ぜ続けながらさらに1分加熱する。

3　火を止めて、グラニュー糖を加えて混ぜる。グラニュー糖が溶けたら1を2回に分けて加え、そのつどよく混ぜる（a）。鍋底を冷水に当てながら混ぜて粗熱をとり、50℃くらいまで冷ます。

4　型を軽く水でぬらし、3の⅓量を静かに流し入れ、くし形に切った桃の半量を斜めに並べ入れる（b）。残りの寒天液の半量を静かに流し入れ（c）、残りの桃を先ほどと交差するように並べ入れる。残りの寒天液を静かに流し入れてゴムべらで平らにならし（d）、冷蔵庫で3時間以上冷やし固める。

5　型から外し、好みの厚さに切って器に盛る。

a

b

c

d

桃のコンポート

【 材料 】 作りやすい分量

桃 … 2個（約300g）
水 … 350mℓ
白ワイン … 150mℓ
グラニュー糖 … 100g
レモン果汁 … 小さじ1

1　桃は皮つきのまま中央に縦に切り込みを入れ、手でねじって半割りにし、包丁で種をとり除く。

2　鍋に水、白ワイン、グラニュー糖、レモン果汁を入れて中火にかけ、沸騰したら弱火にして桃を皮を下にして静かに入れる。落としぶたをして5分加熱したら桃を裏返し、さらに3〜5分加熱し、火を止めてそのまま冷ます。

3　粗熱がとれたら耐熱容器に移し、冷蔵庫で一晩冷やす。使う前に皮をむく。

ぶどうの赤ワイン寒天

黒ぶどうのコンポートと赤ワインを
とり合わせた、秋らしい寒天。
白ぶどうと白ワインでも作れます。

【 材料 】　直径18cmのエンゼル型1台分

ぶどうのコンポート
　黒ぶどう（巨峰、ピオーネなど）
　　… 18〜20粒（200g）
　水 … 300㎖
　赤ワイン … 100㎖
　グラニュー糖 … 80g
　レモン果汁 … 小さじ1½
┌ 粉寒天 … 3g
└ 水 … 230㎖
グラニュー糖 … 25g

1　ぶどうのコンポートを作る。黒ぶどうは熱湯に10秒ほどくぐらせて
　　から氷水にとり、湯むきをする（a）。

2　小鍋に水、赤ワイン、グラニュー糖、レモン果汁を入れて中火にかけ、
　　沸騰したら弱火にしてぶどうを入れ、落としぶたをする。ふたたび中
　　火にかけ、沸騰したら火を止めてそのまま冷ます（b）。粗熱がとれ
　　たら耐熱容器に移し、冷蔵庫で一晩冷やす。

3　コンポートのシロップを340㎖とり分け、室温に戻す。ぶどうは半分
　　に切る。

4　寒天を作る。小鍋に水と粉寒天を入れてゴムべらでよく混ぜる。絶え
　　ず混ぜながら中火にかけ、沸騰したら弱火にし、混ぜ続けながらさら
　　に1分ほど加熱する。

5　火を止めて、グラニュー糖を加えて混ぜる。グラニュー糖が溶けたら
　　3のシロップを2〜3回に分けて加え、そのつどよく混ぜる。鍋底を
　　冷水に当てながら混ぜて粗熱をとり、40℃くらいまで冷ます。

6　型を軽く水でぬらし、5の半量を静かに注ぎ入れる（c）。ぶどうの
　　半量をランダムに入れる（d）。寒天液がゆるく固まったら残りのぶ
　　どうを入れ、残りの寒天液を注ぎ入れ、冷蔵庫で3時間以上冷やし固
　　める。

7　型から外し、器に盛る。

a

b

c

d

レモンゼリー

つるんとのど越しのよい、シンプルなゼリー。
レモンの皮入りのシロップをたっぷりかけて。

【 材料 】 3〜4人分
レモン果汁 … 小さじ 4
水 … 200mℓ
┌ アガー … 6 g
└ グラニュー糖 … 30g
レモンシロップ
┌ 水 … 120mℓ
│ グラニュー糖 … 50g
│ レモン果汁 … 小さじ 4
└ レモンの皮 … ½個分

【 下準備 】
・レモン果汁は室温に戻す。
・レモンの皮はわたをそぎとり、表皮を
　せん切りにする。
・アガーとグラニュー糖はよく混ぜ合わ
　せる。

1　小鍋に水を入れ、混ぜたアガーとグラニュー糖を少しずつふり
　　入れながら、ゴムべらで混ぜる。絶えず混ぜながら中火にかけ、
　　沸騰したら弱火にし、混ぜ続けながらさらに 1 分ほど加熱する。

2　火を止め、レモン果汁を加えて混ぜる。

3　容器（ここでは 15.4 × 10.3 ×高さ 5.7㎝）に注ぎ入れ、粗熱が
　　とれたら冷蔵庫で 3 時間以上冷やし固める。

4　レモンシロップを作る。小鍋に水とグラニュー糖を入れて中火
　　にかけながらゴムべらで混ぜ、グラニュー糖が溶けたら火を止
　　めてレモン果汁とレモンの皮を加えて混ぜ、冷ます。粗熱がと
　　れたら保存容器に入れ、冷蔵庫で冷やす。

5　3 のゼリーに包丁で筋を入れ、スプーンですくって器に盛り、
　　4 のシロップをかける。

甘夏寒天

サクッとした食感と、ほろ苦さが好相性。
甘夏の皮を器にして、見た目も楽しみます。

【 材料 】　2個分
甘夏 … 2〜3個
┌ 粉寒天 … 4g
└ 水 … 200mℓ
グラニュー糖 … 70g
コアントロー（好みで）
　… 小さじ2

【 下準備 】
・甘夏は室温に戻す。

1 甘夏の上部⅕を包丁で切り落とす。皮と果肉の境に包丁を入れ、切り
　口に十字の切り目を入れる（a）。スプーンや手で果肉をボウルにと
　り出す。ガーゼで包んで果汁を搾り、400mℓ用意する（足りなければ
　水を足す）。皮（b）は器にするので2つとっておく。

2 小鍋に水と粉寒天を入れてゴムべらでよく混ぜる。絶えず混ぜながら
　中火にかけ、沸騰したら弱火にし、混ぜ続けながらさらに1分ほど加
　熱する。

3 火を止めて、グラニュー糖とコアントローを加えて混ぜる。グラニュ
　ー糖が溶けたら1の果汁を2回に分けて加え、そのつどよく混ぜる。

4 鍋底を冷水に当てながら混ぜて粗熱をとり、40℃くらいまで冷ます。
　1の器に注ぎ入れ、冷蔵庫で3時間以上冷やし固める。

5 包丁で4等分に切り、器に盛る。

a

b

27

コーヒーゼリー

コーヒーゼリーのかたさと、生クリームのやわらかさ。
この食感のコントラストが、おいしさの秘密です。
ラム酒入りのクリームシャンティが香り立ちます。

（作り方は p.30）

パンナコッタ

濃厚で甘さもしっかりとあるパンナコッタに
パッションフルーツの酸味がよく合います。
果肉と種をかけただけのソースだから簡単!

(作り方は p.30)

コーヒーゼリー

【 材料 】 容量220mlのグラス2個分
コーヒー豆（フレンチロースト）
　　… 25g
熱湯 … 300ml
┌ 粉ゼラチン … 5g
└ 水 … 大さじ1
グラニュー糖 … 25g
クリームシャンティ
　│ 生クリーム（乳脂肪分42%）… 100ml
　│ グラニュー糖 … 10g
　│ ラム酒（好みで）… 小さじ1

【 下準備 】
・粉ゼラチンは水でふやかす。
・コーヒー豆は挽く。

1 コーヒー豆に熱湯を少しずつ注ぎ、ゆっくりドリップして、230mlのコーヒー液を抽出する。

2 ボウルに1を入れ、コーヒー液が熱いうちに、ふやかしたゼラチンを加えてゴムべらで混ぜて溶かす。グラニュー糖を加え、同様に混ぜて溶かす。

3 ボウルの底を氷水に当てながら混ぜ、粗熱をとる。とろみがついたらグラスに静かに注ぎ入れ、冷蔵庫で3時間以上冷やし固める。

4 クリームシャンティを作る。すべての材料をボウルに入れ、ボウルの底を氷水に当てながら泡立て、五分立て（角が立たないくらいのやわらかな状態）にする。

5 食べる直前に、3のゼリーに4のクリームシャンティをスプーンでのせる。

memo　コーヒー豆はフレンチローストなど、深煎りで酸味の少ないものがおすすめ。普通のコーヒー豆を使用する場合は、豆の量を増やして濃いめにいれる。

パンナコッタ

【 材料 】 容量130mlのプリンカップ4個分
牛乳 … 130ml
バニラビーンズ … ¼本
グラニュー糖 … 30g
┌ 粉ゼラチン … 5g
└ 水 … 大さじ1
生クリーム（乳脂肪分42%）… 200ml
ブランデー（好みで）… 大さじ1
パッションフルーツ … 2個

【 下準備 】
・粉ゼラチンは水でふやかす。
・バニラビーンズはさやに切り目を入れて開き、包丁で種子をしごき出す（a）。

1 小鍋に牛乳、バニラビーンズの種子とさや、グラニュー糖を入れて中火にかけ、沸騰直前で火を止める。

2 茶こしでこしながらボウルに注ぎ入れ、バニラのさやをとり除く。ふやかしたゼラチンを加えてゴムべらで混ぜて溶かし、生クリーム、ブランデーを順に加えて混ぜる。

3 ボウルの底を氷水に当てながら混ぜて粗熱をとる。とろみがついたら、軽く水でぬらしたプリンカップに静かに注ぎ入れ、冷蔵庫で3時間以上冷やし固める。

4 型から外して器に盛り、パッションフルーツの種と果肉をスプーンですくってかける。

memo　パッションフルーツの甘みが足りない場合には、はちみつを足すとよい。いちご、パイナップルなど、酸味のある他のフルーツでもおいしい。

a

黒糖しょうが寒天

【 材料 】　14×11×高さ4.5cmの流し缶１台分
黒糖 … 60g
しょうがの搾り汁 … 小さじ１½
┌ 粉寒天 … １g
└ 水 … 300mℓ

1 小鍋に水と粉寒天を入れてゴムべらでよく混ぜる。絶えず混ぜながら中火にかけ、沸騰したら弱火にし、混ぜ続けながらさらに１分ほど加熱する。

2 火を止めて黒糖を加え、混ぜる。黒糖が溶けたらしょうがの搾り汁を加えて混ぜる。

3 鍋底を冷水に当てながら混ぜて粗熱をとり、40℃くらいまで冷ます。流し缶を軽く水でぬらして注ぎ入れ、冷蔵庫で３時間以上冷やし固める。

4 型から外し、縦に半分、横に４等分に切って器に盛る。

桂花陳酒ゼリー

【 材料 】　容量90mℓのゼリー型４個分
桂花陳酒（赤）… 50mℓ
水 … 185mℓ
グラニュー糖 … 25g
┌ 粉ゼラチン … ５g
└ 水 … 大さじ１
杏仁ソース
　┌ 生クリーム（乳脂肪分35％）
　│　　… 100mℓ
　│ 杏仁霜 … 10g
　└ グラニュー糖 … 小さじ½

【 下準備 】
・粉ゼラチンは水でふやかす。

1 小鍋に水とグラニュー糖を入れて中火にかけ、グラニュー糖が溶けて60℃くらいになったら火を止める。ふやかしたゼラチンを加え、ゴムべらで混ぜて溶かす。ボウルに流し入れ、桂花陳酒を加えて混ぜる。

2 ボウルの底を氷水に当てながら混ぜて粗熱をとる。とろみがついたら、軽く水でぬらした型に静かに注ぎ入れ、冷蔵庫で３時間以上冷やし固める。

3 杏仁ソースを作る。すべての材料を小鍋に入れてよく混ぜ、中火にかける。沸騰してとろみがついたら耐熱容器に注ぎ入れて粗熱をとり、冷蔵庫で冷やす。

4 ２のゼリーを型から外して器に盛り、３のソースを添える。

● 桂花陳酒
キンモクセイの花をワインに漬けこんだ酒。白ワインに漬けこんだものと赤ワインに漬けこんだものがある。

黒糖しょうが寒天

黒糖のおいしさをストレートに味わう寒天。
しょうがの辛みと香りを加えることで
黒糖の甘みが引き締まり、奥行きのある味に。

(作り方は p.31)

桂花陳酒ゼリー

キンモクセイのお酒・桂花陳酒のゼリーに
杏仁の香り豊かなソースを添えて。
食後のデザートにもおすすめの一皿。
（作り方は p.31）

杏仁豆腐

フレッシュなプラムとソースにしたプラム。
食感にも味にも変化が出て
シンプルな杏仁豆腐が素敵な一皿になります。

【 材料 】　4人分

牛乳 … 200mℓ
杏仁霜 … 25g
グラニュー糖 … 30g
┌ 粉寒天 … 2g
└ 水 … 200mℓ
シロップ
│ 水 … 300mℓ
│ グラニュー糖 … 60g
プラムソース
│ プラム（ソルダムなど）… 100g
│ グラニュー糖 … 20g

【 下準備 】

・牛乳は室温に戻す。
・杏仁霜は茶こしなどでふるい、グ
　ラニュー糖と混ぜ合わせる。

1 小鍋に水と粉寒天を入れてゴムべらでよく混ぜる。絶えず混ぜながら
　中火にかけ、沸騰したら弱火にし、混ぜ続けながらさらに1分ほど加
　熱する。

2 火を止め、混ぜ合わせた杏仁霜とグラニュー糖を加えて混ぜ、グラニ
　ュー糖が溶けたらふたたび中火にかけて一度沸騰させる（a）。火を
　止めて牛乳を2〜3回に分けて加え、そのつどよく混ぜる。

3 鍋底を冷水に当てながら混ぜて粗熱をとり、40℃くらいまで冷ます。
　バット（ここでは20.5×16×高さ3cm）を軽く水でぬらして寒天液
　を流し入れ（b）、冷蔵庫で3時間以上冷やし固める。

4 シロップを作る。小鍋に水とグラニュー糖を入れて中火にかけ、沸騰
　したら火から下ろす。粗熱がとれたら保存容器に入れ、冷蔵庫で冷やす。

5 プラムソースを作る。プラムは皮つきのまま一口大に切り、グラニュ
　ー糖とともに耐熱容器に入れてラップをかけ、電子レンジで1〜2分
　加熱する。途中で2回ほど混ぜる。粗熱がとれたら冷蔵庫で冷やす。

6 3にパレットナイフを当てながら斜め格子状に切り分け（c）、器に
　盛る。4のシロップを注ぎ入れ、皮つきのままくし形切りにしたプラム
　（分量外）と5のソースを添える。

memo　　フルーツは季節に合わせて好みのものでもよい。

● 杏仁霜

杏の種の核をすりつぶして
砂糖などを混ぜたもの。独
特の甘い香りがあり、杏仁
豆腐に欠かせない。

フルーツの白ワイン寒天寄せ

色とりどりのフルーツをちりばめた
白ワイン寒天は、宝石のような美しさ。
ザバイオーネソースも、お酒がきいています。

【 材料 】

14×11×高さ4.5cmの流し缶1台分

白ワイン … 150mℓ
┌ 粉寒天 … 2g
└ 水 … 200mℓ
グラニュー糖 … 50g
いちじく … 1個
黒ぶどう（巨峰、ピオーネなど）
　　… 8粒
シャインマスカット … 8粒
グレープフルーツ … 5〜6房
ザバイオーネソース
　卵黄 … 2個
　グラニュー糖 … 20g
　バター（食塩不使用）… 20g
　コアントロー … 大さじ1
　生クリーム（乳脂肪分42%）
　　… 50mℓ

【 下準備 】

・白ワインは室温に戻す。
・いちじく、黒ぶどうは熱湯に10
　秒ほどくぐらせてから氷水にとり、
　湯むきをする。いちじくは縦8等
　分のくし形に切る。黒ぶどうは大
　きければ半分に切る。
・シャインマスカットは皮つきのま
　ま半分に切る。
・グレープフルーツは薄皮をむく。

a

b

c

d

e

f

1　小鍋に水と粉寒天を入れてゴムべらでよく混ぜる。絶えず混ぜながら
　中火にかけ、沸騰したら弱火にし、混ぜ続けながらさらに1分ほど加
　熱する。火を止めて、グラニュー糖を加えて混ぜる。グラニュー糖が
　溶けたら白ワインを2〜3回に分けて加え、そのつどよく混ぜる。

2　鍋底を冷水に当てながら混ぜて粗熱をとり、40℃くらいまで冷ます。

3　軽く水でぬらした流し缶に、フルーツの半量を大きいものから順に並
　べる（a、b）。2の寒天液を半量ほど静かに注ぎ入れる。ゆるく固
　まったら、残りのフルーツを並べ、残りの寒天液を同様に注ぎ入れ、
　冷蔵庫で3時間以上冷やし固める。

4　ザバイオーネソースを作る。ボウルに卵黄とグラニュー糖を入れて泡
　立て器で白っぽくなるまで混ぜる。湯せんにかけ、とろみがつくまで
　混ぜる（c）。湯せんから下ろし、バターを加えて混ぜて溶かし、こ
　し器でこす（d）。コアントローを加えて混ぜ、冷ます。

5　生クリームを六分立てにし、4のボウルに2回に分けて加え（e）、
　泡立て器ですくい上げるようにして混ぜ（f）、保存容器に入れて冷
　蔵庫で保存する。

6　器に5のソースをひいて、3の寒天を型から外し、好みの大きさに切
　って盛る。

オレンジババロア

身近な材料で作る、懐かしのババロア。
弱めの火加減で、絶えず混ぜながら温めると
なめらかな舌触りに仕上がります。

【 材料 】 容量550mℓの型 1台分
牛乳 … 140mℓ
卵黄 … 2個分
グラニュー糖 … 70g
┌ 粉ゼラチン … 7g
└ 水 … 20mℓ
オレンジジュース（果汁100％）
　… 70mℓ
レモン果汁 … 20mℓ
コアントロー … 20mℓ
生クリーム（乳脂肪分35％）
　… 100mℓ

【 下準備 】
・粉ゼラチンは水でふやかす。

1 ボウルに卵黄、グラニュー糖の半量を入れて泡立て器で白っぽくなる
　まですり混ぜる（a）。

2 小鍋に牛乳と残りのグラニュー糖を入れて中火にかける。沸騰直前で
　火から下ろし、1のボウルに2〜3回に分けて加え（b）、そのつど
　よく混ぜる。

3 鍋に戻し入れ、弱めの中火にかける。80〜83℃になるまで、耐熱の
　へらで底からまんべんなく混ぜ続ける（c）。

4 とろみがついたら（80〜83℃の目安）火から下ろし、ボウルに受け
　ながらこし器でこし（d）、ふやかしたゼラチンを加え、混ぜて溶か
　す（e）。

5 ボウルの底を氷水に当てながら混ぜて冷まし、とろみがついたら
　（f）オレンジジュース、レモン果汁、コアントローを順に加えて混
　ぜる。

6 ボウルに生クリームを入れ、底を氷水に当てながら八分立てにし（g）、
　5を3回に分けて加え（h）、泡立て器ですくい上げるようにして混
　ぜる。水で軽くぬらした型に流し入れ、冷蔵庫で3時間以上冷やし固
　める。

7 型から外し、器に盛る。

こんなふうに食べても！
ゼリーの楽しみ方①

・アイスキャンディーに

ゼリーが余ったら、冷凍庫で固めてアイ
スキャンディーにしてもおいしく食べら
れます。写真は、左から杏仁豆腐（p.34）、
オレンジゼリー（p.47）、チョコレート
ムース（p.58）を凍らせたもの。凝固剤
の種類や、生クリームが入っているかい
ないかで、それぞれ食感が違ってきます。

【 作り方 】

1 小さな紙コップにゼリーやムースを
崩しながら入れて、冷凍庫に入れる。

2 少し固まったところで棒を差し、穴
を開けたアルミ箔をかぶせて棒を固
定する。

3 冷凍庫で冷やし固め、食べるときに
紙コップを外す。

・グラニテに

紙コップがなければ、グラニテもおすす
めです。保存袋に入れてもみほぐしな
がら凍らせるだけだから簡単！ 写真は、
左からジャスミンティーゼリー（p.57）、
モヒートゼリー（p.79）、プラムのコン
ポートゼリー（p.44）を凍らせたもの。
果肉を入れる場合は、よくもみほぐすと
食べやすくなります。

【 作り方 】

1 ゼリーをファスナーつき保存袋に入
れて、冷凍庫に入れる。

2 少し固まったところで、手でもみほ
ぐし、ふたたび冷凍庫に入れる。こ
れを数回繰り返し、冷やし固める。

とろりと
やわらかいゼリー

型抜きできないくらいにやわらかく仕上げたゼリーは、
みずみずしく、口の中でとろけるような食感。
フルーツと合わせるときは、コンポートにしたり
手でほぐしたりすると、ゼリーとの一体感が生まれます。
凝固剤の量が少ないので、ゆっくりと固まります。

いちじくの
コンポートゼリー

いちじくの自然なピンク色がきれいなゼリー。
そのままはもちろん、カスタードクリームや
アイスクリームなどを合わせてもおいしい！

【 材料 】　4人分
いちじくのコンポート
| いちじく … 4個
| 水 … 200mℓ
| 白ワイン … 150mℓ
| グラニュー糖 … 60g
| レモン果汁 … 小さじ2
「 粉ゼラチン … 5g
└ 水 … 大さじ1

1　いちじくのコンポートを作る。いちじくは熱湯に10秒ほどくぐらせ
　　てから氷水にとり、湯むきをする（a）。皮がむきにくい場合は筋に
　　そってスプーンでなでるようにするとむきやすい。

2　小鍋に水、白ワイン、グラニュー糖、レモン果汁を入れて中火にかけ、
　　沸騰したら弱火にしていちじくを静かに入れる（b）。落としぶたを
　　して弱火で10〜15分加熱し（c）、火を止めてそのまま冷ます（d）。
　　粗熱がとれたら耐熱容器に移し、冷蔵庫で一晩冷やす。

3　ゼリーを作る。粉ゼラチンは水でふやかす。コンポートのシロップを
　　380mℓとり分け、いちじくは容器（ここでは直径15×高さ7.5cm）に
　　入れる。

4　鍋に3のシロップの⅓量を入れて火にかけ、60℃くらいになったら
　　火を止めて3のゼラチンを加え、ゴムべらで混ぜて溶かす。ボウル
　　に注ぎ入れ、残りのシロップを加えて混ぜる。

5　ボウルの底を氷水に当てながら混ぜ、粗熱をとる。とろみがついたら
　　3の容器に注ぎ入れ、冷蔵庫で3時間以上冷やし固める。

6　スプーンですくって器に盛る。

memo　いちじくは、かためのものを使うと煮崩れしにくい。また、あれば、
　　　バニラビーンズのさやを乾燥させたものをコンポートのシロップに入
　　　れると、風味がプラスされておいしい。

a

b

c

d

プラムのコンポートゼリー

ルビー色が目に鮮やかなプラムのコンポートの
シロップと果実を、やわらかなゼリーに仕立てました。
はちみつを使い、プラムの酸味を和らげます。

【 材料 】 容量200mlのグラス5〜6個分

プラムのコンポート
| プラム（太陽など）… 3個（350g）
| 水 … 450ml
| グラニュー糖 … 65g
| はちみつ … 大さじ1
┌ 粉ゼラチン … 5g
└ 水 … 大さじ1

1 プラムのコンポートを作る。プラムは皮つきのまま中央に縦に切り込みを入れ、手でねじって半割りにし、包丁で種をとり除く。

2 小鍋に水、グラニュー糖、はちみつを入れて中火にかけ、沸騰したら弱火にしてプラムを皮を下にして静かに入れる。弱火で5分加熱し（大石早生など小ぶりの品種は加熱時間を2分にする）、火を止めてそのまま冷ます。粗熱がとれたら耐熱容器に移し、冷蔵庫で一晩冷やす（a）。

a

3 ゼリーを作る。粉ゼラチンは水でふやかす。コンポートのシロップを450mlとり分け、プラムは皮をむいてグラスに入れる。

b

4 鍋に3のシロップの⅓量を入れて火にかけ、60℃くらいになったら火を止めて3のゼラチンを加え、ゴムべらで混ぜて溶かす（b）。ボウルに注ぎ入れ、残りのシロップを加えて混ぜる。

5 ボウルの底を氷水に当てながら混ぜ、粗熱をとる。とろみがついたら3のグラスに注ぎ入れ（c）、冷蔵庫で3時間以上冷やし固める。

c

memo 「太陽」のほか、「サマーエンジェル」「大石早生」はきれいに皮がむけるが、「ソルダム」は皮がむきにくいので、皮をむかずに使う。かためのものを使うと煮崩れしにくい。

とろとろ
グレープフルーツ寒天

舌の上でほどけるような、やわらかな食感。
グレープフルーツの苦みをはちみつで和らげます。

【 材料 】 容量380mlのグラス2個分　【 下準備 】

グレープフルーツ（赤、白）
　… 各1個
┌ 粉寒天 … 1g
└ 水 … 150ml
グラニュー糖 … 30g
はちみつ … 小さじ2
コアントロー（好みで）
　… 大さじ1

・グレープフルーツは室温に戻し、
　赤・白それぞれ¼個分をとり分
　け、薄皮をむいて果肉をほぐし
　（a）、グラスに等分に入れる。
・残りのグレープフルーツで果汁を
　搾り、150mlをとり分ける。足り
　なければ水を足す。

1　小鍋に水と粉寒天を入れてゴムべらでよく混ぜる。絶えず混ぜながら
　　中火にかけ、沸騰したら弱火にし、混ぜ続けながらさらに1分ほど加
　　熱する。

2　火を止めて、グラニュー糖、はちみつ、コアントローを加えて混ぜる。
　　グラニュー糖が溶けたらグレープフルーツ果汁を2回に分けて加え、
　　そのつどよく混ぜる。

3　鍋底を冷水に当てながら混ぜて粗熱をとり、40℃くらいまで冷ます。

4　果肉を入れたグラスに注ぎ入れ、冷蔵庫で3時間以上冷やし固める。

a

オレンジゼリー

フレッシュなオレンジの果肉に
やわらかなゼリーをたっぷりとまとわせて。

【 材料 】 3〜4人分
オレンジ … 3個
水 … 50㎖
グラニュー糖 … 35g
┌ 粉ゼラチン … 5g
└ 水 … 大さじ1
コアントロー（好みで）
　… 大さじ1

【 下準備 】
・粉ゼラチンは水でふやかす。
・オレンジ2個から果汁を搾り、
　300㎖をとり分ける。足りなけれ
　ば水を足す。
・オレンジ1個は、皮をむき、手で
　果肉をとり出し、容器に入れる。

1　小鍋に水とグラニュー糖を入れて中火にかけ、グラニュー糖が溶けて
　　60℃くらいになったら火を止める。ふやかしたゼラチンを加え、ゴム
　　べらで混ぜて溶かす。

2　ボウルに流し入れ、オレンジ果汁とコアントローを加えて混ぜる。

3　ボウルの底を氷水に当てながら混ぜ、粗熱をとる。とろみがついたら
　　容器（ここでは 18.3 × 12.5 ×高さ 6.2cm）に静かに注ぎ入れ、軽く混
　　ぜ合わせる。冷蔵庫で3時間以上冷やし固める。

4　スプーンですくって器に盛る。

りんごのコンポートゼリー

コンポートを作るときにりんごの皮を入れると、
シロップがきれいなピンク色に染まります。
ゆるめのゼリーにしてアイスクリームとともに。

【 材料 】　4人分
りんごのコンポート
  | りんご（あれば紅玉）… 200g
  | 水 … 450mℓ
  | グラニュー糖 … 90g
  | ブランデー（好みで）… 大さじ1
  ⌈ 粉ゼラチン … 5g
  ⌊ 水 … 大さじ1
ミルクアイスクリーム … 適量

a

b

1　りんごのコンポートを作る。りんごは皮をむき、12等分のくし形に
　　切る（a）。

2　小鍋に水とグラニュー糖を入れて中火にかけ、沸騰したら弱火にして
　　りんごを静かに入れ、りんごの皮を表面を下にしてのせる（b）。落
　　としぶたをして弱火で10〜12分加熱し、火を止めてブランデーを
　　加えて混ぜ（c）、そのまま冷ます。粗熱がとれたら耐熱容器に移し、
　　冷蔵庫で一晩冷やす。

c

3　ゼリーを作る。粉ゼラチンは水でふやかす。コンポートのシロップを
　　380mℓとり分け、りんごは容器（ここでは18.3 × 12.5 ×高さ6.2cm）
　　に並べ入れる。

4　鍋に3のシロップの⅓量を入れて火にかけ、60℃くらいになったら
　　火を止めて3のゼラチンを加え（d）、ゴムべらで混ぜて溶かす。ボ
　　ウルに注ぎ入れ、残りのシロップを加えて混ぜる。

d

5　ボウルの底を氷水に当てながら混ぜて粗熱をとる（e）。とろみがつ
　　いたら3の容器に注ぎ入れ（f）、冷蔵庫で3時間以上冷やし固める。

6　スプーンですくって器に盛り、ミルクアイスクリームをのせる。

e

f

● ブランデー

果実酒から造られる蒸留酒
の総称だが、一般的には、
ワインから造られたものを
指す。甘やかで芳醇な香り
があり、チョコレートや生
クリームをはじめ、さまざ
まなフルーツの味を引き立
てる。

ハーブとマスカットのゼリー

すがすがしい香りのハーブのゼリーに、
スライスしたマスカットを忍ばせます。

【 材料 】 作りやすい分量
コーディアルシロップ
（エルダーフラワー）… 80㎖
タイム … 2枝
シャインマスカット … 10粒
水 … 400㎖
┌ アガー … 6ｇ
└ グラニュー糖 … 小さじ1

【 下準備 】
・アガーとグラニュー糖はよく混ぜ
　合わせる。
・コーディアルシロップは室温に戻
　す。
・シャインマスカットは5㎜厚さの
　薄切りにする。

● コーディアルシロップ

果物やハーブ、スパイスな
どのシロップ。さまざまな
種類があるが、使用したエ
ルダーフラワーは、青りん
ごやマスカットのようなさ
わやかな香りが特徴。

1　小鍋に水を入れ、混ぜたアガーとグラニュー糖を少しずつふり入れな
　　がら、ゴムべらで混ぜる。絶えず混ぜながら中火にかけ、沸騰したら
　　弱火にし、混ぜ続けながらさらに1分ほど加熱する。

2　火を止めて、コーディアルシロップを2回に分けて加え、そのつどよ
　　く混ぜる。タイムを加えて軽く混ぜ、容器（ここでは18.3 × 12.5 ×
　　高さ6.2㎝）に注ぎ入れ、粗熱がとれたら冷蔵庫で3時間以上冷やし
　　固める。

3　2のゼリーをスプーンですくい、シャインマスカットの薄切りと交互
　　にグラスに盛り合わせる。

豆乳プリン

生クリームを加えたリッチな豆乳プリン。
メープルシロップでコクをプラスします。

【 材料 】 容量200mℓのグラス5個分　　【 下準備 】
豆乳 … 400mℓ　　　　　　　　　　　　・粉ゼラチンは水でふやかす。
┌ 粉ゼラチン … 5 g
└ 水 … 大さじ 1
メープルシロップ … 50mℓ
生クリーム（乳脂肪分35%）
　… 100mℓ

1　小鍋に豆乳を入れて中火にかけ、60℃くらいに温まったら火を止める。ふやかしたゼラチンを加えてゴムべらで混ぜて溶かし、メープルシロップを加えて混ぜる。

2　生クリームを加えて混ぜ、ボウルの底を氷水に当てながら混ぜ、粗熱をとる。とろみがついたらグラスに静かに注ぎ入れ、冷蔵庫で3時間以上冷やし固める。

3　食べる直前にメープルシロップ適量（分量外）をかける。

memo　　好みできな粉をかけてもおいしい。

**こんなふうに食べても！
ゼリーの楽しみ方②**

・2種のゼリーを
　いっしょに

いくつかのゼリーを盛り合わせていっしょに食べると、また違ったデザートになります。写真は、桃のテリーヌ（p.22）を角切りにしたものと、ジャスミンティーゼリー（p.57）をスプーンですくって重ねました。好みの組み合わせを見つけてみてください。

・スパークリングワインを
　かけて

フルーツを使ったゼリーには、スパークリングワインをかけていただくのもおすすめ。とくに、やわらかめのゼリーだと一体感が出て、よりおいしく感じられます。写真は、りんごのコンポートゼリー（p.48）。

・パフェにして

ゼリーは、それだけでシンプルにいただくのもおいしいですが、パフェにすると、見た目も味わいもぐっと華やかに。市販品を合わせるだけなので、気軽に作れます。写真は、いちじくのコンポートゼリー（p.42）に水きりヨーグルト、バニラアイスクリームをのせ、刻んだナッツとフレッシュないちじく、ワッフルクッキーを飾りました。グラノーラやメレンゲを組み合わせてもおいしいです。

あずき寒天のココナッツ汁粉

温かいココナッツミルクに
あずき寒天を浮かべてお汁粉風に。
ほんのり温かく、やわらかい寒天が新鮮です。

【 材料 】　4人分
ゆであずき … 120g
┌ 粉寒天 … 2g
└ 水 … 240mℓ
グラニュー糖 … 50g
ココナッツミルク
│ 牛乳 … 200mℓ
│ グラニュー糖 … 10g
│ ココナッツミルクパウダー
│ 　… 40g
タピオカ … 20g
バナナ … ½本

【 下準備 】
・タピオカはたっぷりの水に一晩つ
　けて戻す（a）。
・ゆであずきは室温に戻す。
・バナナは8mm厚さの輪切りにする。

1　小鍋に水と粉寒天を入れてゴムべらでよく混ぜる。絶えず混ぜながら
　　中火にかけ、沸騰したら弱火にし、混ぜ続けながらさらに1分ほど加
　　熱する。

2　火を止めて、グラニュー糖を加えて混ぜる。グラニュー糖が溶けたら
　　ゆであずきを2回に分けて加え、そのつどよく混ぜる（b）。

3　鍋底を冷水に当てながら混ぜて粗熱をとり、40℃くらいまで冷ます
　　（c）。容器（ここでは15.4×10.3×高さ5.7cm）に注ぎ入れ、冷蔵庫
　　で3時間以上冷やし固める。

4　ココナッツミルクを作る。小鍋に牛乳、グラニュー糖を入れて中火に
　　かけ、沸騰直前まで温める。ココナッツミルクパウダーを加え、よく
　　混ぜて溶かす。

5　別の小鍋にたっぷりの湯を沸かし、水で戻したタピオカを2分ほどゆ
　　で、透明になり（d）、やわらかくなったら冷水にとる。

6　3のあずき寒天をスプーンですくって耐熱の器に入れ、電子レンジで
　　30～40秒温める。ほんのり温かくなっていればよい（加熱しすぎる
　　と溶けるので注意）。

7　4のココナッツミルクを静かに注ぎ入れ、5のタピオカを入れ、バナ
　　ナをのせる。温かいうちに食べる。

memo　冷たいデザートとして、あずき寒天とココナッツミルクを冷たい状態
　　　　で食べてもおいしい。

a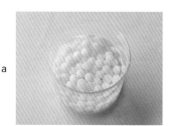

b

c

d

紅茶ゼリー

アガーを使うから、紅茶の色が鮮やか！
ジンジャーシロップで味に変化をつけます。

【 材料 】 3～4人分
紅茶の茶葉 … 8 g
熱湯 … 300mℓ
 ［ アガー … 3 g
 ［ グラニュー糖 … 50g
ジンジャーシロップ
 ［ 水 … 300mℓ
 ［ きび砂糖 … 40g
 ［ しょうがの薄切り … 5 g

【 下準備 】
・アガーとグラニュー糖はよく混ぜ合わ
 せる。

1 耐熱容器に熱湯と紅茶の茶葉を入れ、ラップをかけて 3 分蒸ら
 し、250mℓ抽出する。

2 小鍋に1を入れ、混ぜたアガーとグラニュー糖を少しずつふり
 入れながら、ゴムべらで混ぜる。絶えず混ぜながら中火にかけ、
 沸騰したら弱火にし、混ぜ続けながらさらに 1 分ほど加熱する。

3 容器（ここでは 15.4 × 10.3 ×高さ 5.7㎝）に注ぎ入れ、粗熱が
 とれたら冷蔵庫で 3 時間以上冷やし固める。

4 ジンジャーシロップを作る。小鍋にすべての材料を入れて中火
 にかける。沸騰したら弱火にし、さらに 3 分加熱して火を止め
 る。粗熱がとれたら保存容器に入れ、冷蔵庫で冷やす。

5 3 のゼリーに包丁で筋を入れ、スプーンですくって器に盛り、
 4 のジンジャーシロップをかける。

memo 紅茶はタンニンの少ないものを選ぶと、渋みが出たり色が濁っ
たりすることを防げる。また、抽出時に茶葉を押さえつけ
ると渋みの原因になるので注意する。

ジャスミンティーゼリー

清涼感のあるジャスミン茶のゼリーに
冷たいレモンシロップを注いでいただきます。

【 材料 】　容量270mlの耐熱の器2個分

ジャスミン茶のティーバッグ
　　… 2袋（6g）
熱湯 … 300ml
┌ アガー … 3g
└ グラニュー糖 … 30g
レモンシロップ（作りやすい分量）
│ 水 … 100ml
│ グラニュー糖 … 30g
└ レモン果汁 … 小さじ1
クコの実 … 6粒
レモンの輪切り … 適量

【 下準備 】

・アガーとグラニュー糖はよく混ぜ合わ
　せる。
・クコの実は水適量（分量外）につけて
　戻す。

1　耐熱容器に熱湯とティーバッグを入れ、ラップをかけて3分蒸
　　らし、270ml抽出する。

2　小鍋に1を入れ、混ぜたアガーとグラニュー糖を少しずつふ
　　り入れながら、ゴムべらで混ぜる。絶えず混ぜながら中火にか
　　け、沸騰したら弱火にし、混ぜ続けながらさらに1分ほど加熱
　　する。

3　耐熱の器に注ぎ入れ、粗熱がとれたら冷蔵庫で3時間以上冷や
　　し固める。

4　レモンシロップを作る。小鍋に水とグラニュー糖を入れて中火
　　にかけ、グラニュー糖が溶けたら火を止めてレモン果汁を加え
　　て混ぜ、冷ます。粗熱がとれたら保存容器に入れ、冷蔵庫で冷
　　やす。

5　食べる直前に4のシロップを注ぎ入れ、クコの実とレモンを
　　のせる。

チョコレートムース

材料も作り方もとてもシンプルなので
ぜひ、おいしいチョコレートを使ってください。
クリームシャンティやフルーツを添えても。

（作り方は p.60）

レアチーズムース

ふわふわのムース仕立てにした、
やわらかな食感のチーズケーキです。
パイナップルのマリネの酸味がよく合います。

（作り方は p.61）

チョコレートムース

【 材料 】
容量130mℓのココット5個分
チョコレート（スイート）*
　　… 150g
牛乳 … 100mℓ
┌ 粉ゼラチン … 3g
└ 水 … 小さじ2
生クリーム（乳脂肪分35%）
　　… 200mℓ
ブランデー（好みで）… 小さじ2
ココアパウダー … 適量
*ここでは、「ヴァローナ・エクアトリ
アール」を使用。

【 下準備 】
・粉ゼラチンは水でふやかす。

1　牛乳は電子レンジで2分～2分30秒加熱し、半量はボウルに入れ、
　　ふやかしたゼラチンと合わせて混ぜ、ゼラチンを溶かす（a）。

2　チョコレートは小さいボウルに入れて湯せんで溶かし、残りの牛乳を
　　少しずつ加えて静かに混ぜる（b）。1を加えて混ぜ（c）、室温にな
　　るまで冷まし、大きめのボウルに移す。

3　ボウルに生クリームを入れ、ボウルの底を氷水に当てながら八分立て
　　にする。2に3回に分けて加え、そのつど泡立て器で底からすくい上
　　げるようにして混ぜる（d）。ブランデーを加えて混ぜる。

4　ココットに注ぎ入れ、冷蔵庫で3時間以上冷やし固める。

5　食べる直前に、ココアパウダーを茶こしでふる。

　　memo　　ブランデーは、好みでラム酒やその他のリキュールに替えてもよい。

a

b

c

d

レアチーズムース

【 材料 】 5〜6人分
クリームチーズ … 200g
グラニュー糖 … 70g
牛乳 … 100mℓ
┌ 粉ゼラチン … 5g
└ 水 … 大さじ1
レモン果汁 … 大さじ2
キルシュ（好みで）… 大さじ1
生クリーム（乳脂肪分35%）
　… 200mℓ
パイナップルのマリネ
　（下記参照）… 適量

【 下準備 】
・クリームチーズは室温に戻す。
・粉ゼラチンは水でふやかす。

a

b

1 ボウルにクリームチーズを入れ、ゴムべらでなめらかになるまで混ぜる。グラニュー糖を加え、なめらかになるまでさらに混ぜる（a）。

2 牛乳の半量を電子レンジで30秒温め、ふやかしたゼラチンを加え、混ぜて溶かす。1に2〜3回に分けて加え、泡立て器で混ぜる（b）。残りの牛乳を加えて混ぜ、レモン果汁、キルシュを順に加えて混ぜる。別のボウルに受けながらこし器でこす（c）。

c

3 ボウルに生クリームを入れ、ボウルの底を氷水に当てながら八分立てにする。2に3回に分けて加え（d）、泡立て器で底からすくい上げるようにして混ぜる（e）。

d

4 容器（ここでは18.3×12.5×高さ6.2cm）に注ぎ入れ（f）、冷蔵庫で3時間以上冷やし固める。

5 スプーンですくって器に盛り、パイナップルのマリネを添える。

e

パイナップルのマリネ

【 材料 】 作りやすい分量
パイナップル … 200g
グラニュー糖 … 小さじ2
レモン果汁 … 小さじ2
キルシュ … 小さじ1
バニラビーンズ … ¼本

1 パイナップルは繊維に沿って5mm幅の短冊切りにする。バニラビーンズはさやに切り目を入れて開き、包丁で種子をしごき出し、さやもとっておく。

2 保存容器に残りの材料を合わせ、1を加えて混ぜ、冷蔵庫で一晩おく。

f

やわらかプリン

オーブンや蒸し器は使わずに、
ゼラチンで固めるタイプのプリンだからこそ
とろりとした食感を堪能できます。

【 材料 】 容量270mℓのグラス4個分

牛乳 … 400mℓ
バニラビーンズ … ¼本
卵 … 2個
卵黄 … 2個分
グラニュー糖 … 60g
┌ 粉ゼラチン … 5g
└ 水 … 大さじ1
ラム酒（好みで） … 小さじ2
生クリーム（乳脂肪分35%）
　… 100mℓ
キャラメルソース
│ グラニュー糖 … 50g
│ 水 … 大さじ½
│ 熱湯 … 50mℓ

【 下準備 】

・粉ゼラチンは水でふやかす。
・バニラビーンズはさやに切り目を
　入れて開き、包丁で種子をしごき
　出す。

a

b

c

d

e

f

1 ボウルに卵、卵黄、グラニュー糖を入れて泡立て器で混ぜる。

2 小鍋に牛乳、バニラビーンズの種子とさやを入れて中火にかける。沸騰直前で火から下ろし、1のボウルに2〜3回に分けて加え、そのつどよく混ぜる（a）。

3 鍋に戻し入れ、弱めの中火にかける。80〜83℃になるまで、耐熱のへらで底からまんべんなく混ぜ続ける。

4 とろみがついたら（b）火から下ろし、ボウルに受けながらこし器でこし（c）、ふやかしたゼラチンを加え、混ぜて溶かす。

5 ラム酒、生クリームを加えて混ぜ、ボウルの底を氷水に当てながら混ぜ、粗熱をとる（d）。とろみがついたらグラスに注ぎ入れ（e）、冷蔵庫で3時間以上冷やし固める。

6 キャラメルソースを作る。鍋にグラニュー糖と水を入れて中火にかける。グラニュー糖が溶け、半分ほど色づいてきたら、鍋を揺すってまんべんなく火を通す。完全に溶けて色が濃くなったら火を止めてひと呼吸おき、熱湯を木べらに伝わせながら数回に分けて加え（f）、そのつどよく混ぜる。はねるので注意する。中火にかけて再沸騰したら耐熱容器に入れ、粗熱がとれたら冷蔵庫で冷やす。

7 食べる直前に、6のキャラメルソースをかける。

甘酒プリン

やわらかいプリンにゆずのグラニテをのせて
とろとろとシャリシャリの異なる食感を楽しみます。

【 材料 】 容量150mlのグラス4個分
甘酒（ストレートタイプ）… 300ml
グラニュー糖 … 15g
┌ 粉ゼラチン … 5g
└ 水 … 大さじ1
生クリーム（乳脂肪分35%）… 100ml
ゆずのグラニテ
│ 水 … 125ml
│ グラニュー糖 … 30g
│ ゆず果汁 … 大さじ2
ゆずの皮のすりおろし … 適量

【 下準備 】
・粉ゼラチンは水でふやかす。

1 小鍋に甘酒とグラニュー糖を入れて中火にかけ、グラニュー糖が溶けて60℃くらいに温まったら火を止める。ふやかしたゼラチンを加え、混ぜて溶かし、生クリームを加えて混ぜる。

2 ボウルに移し、ボウルの底を氷水に当てながら混ぜ、粗熱をとる。とろみがついたら、グラスに静かに注ぎ入れ、冷蔵庫で3時間以上冷やし固める。

3 ゆずのグラニテを作る。小鍋に水とグラニュー糖を入れて中火にかけ、グラニュー糖が溶けたらゆず果汁を加える。粗熱をとってバットに流し入れ、冷凍庫で凍らせる。固まりかけたらフォークの背で崩す。

4 食べる直前に2のプリンに3のグラニテをのせ、ゆずの皮を散らす。

memo グラニテは、密閉できる保存袋に入れ、ときどき袋の上から手でもんでほぐしながら固めてもよい。

ぷりっと
かためのゼリー

スプーンというよりは、フォークや菓子切りで。
あるいは、指でつまんでぱくっと。
そんな食べ方がぴったりの、少しかためのゼリーです。
存在感のある歯ざわりや、ゆっくりとした口溶けは
やわらかなゼリーにはないおいしさです。

あんずとレモンのゼリー飴

水飴にジャムや果汁を加えて寒天で固めた、
サクサクした食感が楽しいゼリー菓子。
透明感のある断面がきれいです。

【 材料 】 作りやすい分量
● あんず
あんずジャム … 60g
レモン果汁 … 小さじ2
コアントロー（好みで）
　… 大さじ1
┌ 粉寒天 … 3g
│ 水 … 200mℓ
└ 水飴 … 80g
グラニュー糖 … 70g

● レモン
レモン果汁 … 80mℓ
レモンの皮 … 1個分
┌ 粉寒天 … 3g
│ 水 … 160mℓ
└ 水飴 … 80g
グラニュー糖 … 80g

1 小鍋に水、水飴、粉寒天を入れ、ゴムべらでよく混ぜる。絶えず混ぜながら中火にかけ、沸騰したら（a）弱火にし、混ぜ続けながらさらに1分ほど加熱する。

2 火を止めて、グラニュー糖を加えて混ぜる（b）。グラニュー糖が溶けたら中火にかけ、混ぜながら煮詰める（c）。噴きこぼれそうになったら、火から下ろして落ち着かせる。

3 鍋をはかりにのせて計量し、寒天液が200gになったらボウルに移す。あんずジャム（d）、レモン果汁、コアントローの順に加え（レモンの場合は、レモン果汁とレモンの皮の順）、よく混ぜる。

4 ボウルの底を冷水に当てながら混ぜ、粗熱をとる。軽く水でぬらした容器（ここでは15.4 × 10.3 ×高さ5.7㎝）に注ぎ入れ（e）、冷蔵庫で1時間ほど冷やし固める。

5 パレットナイフなどを容器と寒天の間に差し込んで空気を入れてとり出し（f）、好みの形に切り分ける（g）。網の上にオーブン用ペーパーを敷き、間隔をあけて並べ、風通しのよい場所で一晩おいて表面を乾かす（h）。

memo　あんずジャムとコアントローは、いちごジャムとキルシュなど、好みの組み合わせに替えても。

【 下準備 】
・レモンの皮はすりおろす。
・はかりの上に厚手のふきん、小鍋をのせ、重量を量る（あとで鍋ごと寒天液の重量を量るため）。

コアントローのジュレ

かためのゼリーをクラッシュしたら、つぶつぶの食感に。
コアントローをたっぷり使った大人のデザートです。
ミニトマトのマリネとレモンの皮で、変化をつけます。

【 材料 】　4人分
水 … 150mℓ
グラニュー糖 … 30g
┌ 粉ゼラチン … 5g
└ 水 … 大さじ1
コアントロー … 大さじ2
レモンの皮のすりおろし
　 … 適量
ミニトマトのマリネ（下記参照）
　 … 4個

【 下準備 】
・粉ゼラチンは水でふやかす。

1　小鍋に水とグラニュー糖を入れて中火にかけ、砂糖が溶けて60℃くらいに温まったら火を止める。ふやかしたゼラチンを加え、ゴムべらで混ぜて溶かす。コアントローを加えて混ぜ、ボウルに移す。

2　ボウルの底を氷水に当てながら混ぜ、粗熱をとる。とろみがついたらバット（ここでは20.5×16×高さ3cm）に注ぎ入れ、冷蔵庫で3時間以上冷やし固める。

3　2のゼリーをフォークで押しつぶすようにして崩し、スプーンですくって器に盛る。ミニトマトのマリネをのせてレモンの皮を散らす。好みでマリネ液をかける。

ミニトマトのマリネ

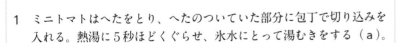

【 材料 】　作りやすい分量
ミニトマト … 7個
はちみつ … 小さじ4
レモン果汁 … 小さじ½
コアントロー … 小さじ1

1　ミニトマトはへたをとり、へたのついていた部分に包丁で切り込みを入れる。熱湯に5秒ほどくぐらせ、氷水にとって湯むきをする（a）。

2　ボウルにはちみつ、レモン果汁、コアントローを入れて混ぜ、マリネ液を作る。ミニトマトを加えてやさしく混ぜ、密閉容器に入れて冷蔵庫で一晩おく。

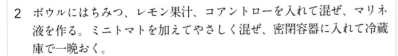
a

● コアントロー

スピリッツやブランデーにオレンジの果皮と糖分を加えて作ったキュラソーの中で、樽熟成をしない無色透明なものをホワイトキュラソーといい、「コアントロー」はこの一種。オレンジの風味があり、さわやかな味わい。

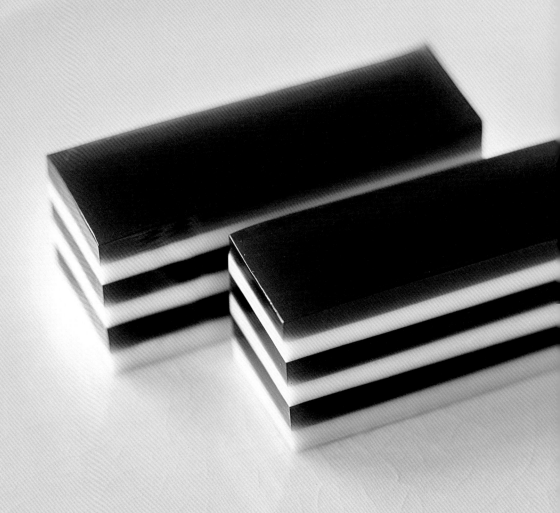

コーヒーとミルクのしましま寒天

コーヒーの層とミルクの層を重ねた寒天は
カフェ・オレのような味わい。
インスタントコーヒーで手軽に作れます。

【 材料 】
12×7.5×高さ4.5cmの流し缶 1 台分
コーヒー寒天
| インスタントコーヒー … 3 g
| 水 … 150㎖
| 粉寒天 … 1 g
| グラニュー糖 … 20g
| ラム酒（好みで）… 小さじ½
ミルク寒天
| 牛乳 … 120㎖
| 粉寒天 … 1 g
| グラニュー糖 … 15g
| 生クリーム（乳脂肪分35%）
| … 30㎖

【 下準備 】
・生クリームは室温に戻す。
・流し缶の入る大きさのバットに氷
　水を張る。

1　ミルク寒天を作る。小鍋に牛乳と粉寒天を入れてゴムべらでよく混ぜ
　る。絶えず混ぜながら中火にかけ、沸騰したら弱火にし、混ぜ続けな
　がらさらに 1 分ほど加熱する。火を止めて、グラニュー糖を加えて混
　ぜる。グラニュー糖が溶けたら生クリームを 2 回に分けて加え、その
　つどよく混ぜ、ボウルに移す。

2　コーヒー寒天を作る。小鍋に水と粉寒天を入れてゴムべらでよく混ぜ
　る。絶えず混ぜながら中火にかけ、沸騰したら弱火にし、混ぜ続けな
　がらさらに 1 分ほど加熱する。火を止めて、グラニュー糖を加えて混
　ぜる。グラニュー糖が溶けたらインスタントコーヒーを加えてよく混
　ぜる。ラム酒を加えて混ぜ、ボウルに移す。

3　1、2 のボウルの底を冷水に当てながら混ぜて粗熱をとり、それぞれ
　50℃くらいまで冷ます。

4　軽くぬらした流し缶にミルク寒天液の⅓量（大さじ 3）を注ぎ入れ
　（a）、氷水を張ったバットに入れて冷やし固める。指先で触って表面
　がだいたい固まったら（b）コーヒー寒天液の⅓量（大さじ 3）を静
　かに注ぎ入れ（c）、先ほどと同様に冷やし固める。これをあと 2 回
　繰り返し、冷蔵庫で 3 時間以上冷やし固める。

5　型から外し、好みの大きさに切って器に盛る。

memo　ラム酒を加えると、インスタントコーヒーでも香り高く仕上がる。途
　　　中でボウルの寒天液が固まってきたら、湯せんにかけて溶かすか
　　　（d）、40℃くらいのぬるま湯につけておくとよい。

a

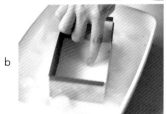
b

c

d

ラムレーズン羊羹

小豆あんとラム酒は意外にも相性抜群。
お茶はもちろん、お酒に合わせてもおいしい。

【 材料 】
19×4.5×高さ3.5cmのトヨ型 1本分
こしあん … 85g
┌ 粉寒天 … 1g
└ 水 … 80mℓ
きび砂糖 … 5g
ラム酒 … 大さじ½
ラムレーズン
┌ レーズン … 20g
│ ラム酒 … 30mℓ
└ きび砂糖 … 15g
ラズベリー（冷凍）… 5g

【 下準備 】
・ラムレーズンを作る。小鍋にラム酒と
　きび砂糖を入れて中火にかけ、沸騰し
　たら火を止め、耐熱容器に入れたレー
　ズンにかけ、一晩おき、水けをきる。
・こしあんは室温に戻す。

1 小鍋に水と粉寒天を入れてゴムべらでよく混ぜる。絶えず混ぜ
　ながら中火にかけ、沸騰したら弱火にし、混ぜ続けながらさら
　に1分ほど加熱する。

2 火を止めて、きび砂糖を加えて混ぜる。きび砂糖が溶けたら、
　こしあんを2～3回に分けて加え、そのつどよく混ぜる。ラム
　酒とラムレーズンを加えて混ぜる。

3 鍋底を冷水に当てながら混ぜて粗熱をとり、40℃くらいまで冷
　ます。ラズベリーを凍ったまま手で砕きながら加え、ざっと混
　ぜる。軽く水でぬらした型に注ぎ入れ、冷蔵庫で1時間以上冷
　やし固める。

4 型から外し、好みの大きさに切って器に盛る。

●ラム酒

サトウキビの搾り汁から造
られる蒸留酒。樽熟成の有
無やその期間により分類さ
れるが、本書では、樽で3
年以上熟成されたダーク・
ラムを使用。カラメルのよ
うな甘い香りが特徴。

ゆるゆる
飲めるゼリー

固まるか固まらないか、というギリギリのところまで
凝固剤を減らしたゼリーは、飲み物のようです。
引っ掛かりがないのど越しは、どこまでもスムーズ。
アガーのゼリーは、離水する性質を生かして
スプーンですくって盛りつけるのにも向いています。

メロンソーダゼリー

懐かしのメロンソーダを寒天で固めました。
炭酸のしゅわしゅわ感を楽しむのなら、
作ったその日に食べきりましょう。

【 材料 】

容量230mℓのグラス2〜3個分

メロンシロップ … 55mℓ

強炭酸水 … 300mℓ

┌ 粉寒天 … 1g
└ 水 … 100mℓ

グラニュー糖 … 40g

バニラアイスクリーム … 適量

さくらんぼ（缶詰）… 適量

【 下準備 】

・メロンシロップ、強炭酸水は室温
　に戻す。

a

b

c

1　小鍋に水と粉寒天を入れてゴムべらでよく混ぜる。絶えず混ぜながら
　　中火にかけ、沸騰したら弱火にし、混ぜ続けながらさらに1分ほど加
　　熱する。

2　火を止めて、グラニュー糖を加えて混ぜる。グラニュー糖が溶けたら
　　メロンシロップを2回に分けて加え、そのつどよく混ぜる。

3　ボウルに移し、ボウルの底を冷水に当てながら混ぜて粗熱をとり（a）、
　　強炭酸水を3回に分けて静かに加える（b）。グラスに注ぎ、ラップ
　　をかけて冷蔵庫で2時間以上冷やし固める。

4　食べる直前にバニラアイスクリームをのせ、さくらんぼを飾る。

memo　早く冷やしたいときには、バットにグラスを入れ、保冷剤を当ててお
　　　く（c）とよい。炭酸が抜けやすいので2〜3時間後に食べるのがベ
　　　スト。

いちごのゼリードリンク

甘酸っぱいいちごたっぷりの飲むゼリー。
飲むヨーグルトとの一体感を楽しんで。

【 材料 】

容量180mℓのグラス3個分

いちご … 100g

水 … 60mℓ

グラニュー糖 … 20g

┌ 粉ゼラチン … 2g
└ 水 … 小さじ1½

飲むヨーグルト … 120mℓ

【 下準備 】

・粉ゼラチンは水でふやかす。

1　いちごはへたをとり、ブレンダーでピュレ状にする（a）。

2　小鍋に水とグラニュー糖を入れて中火にかけ、グラニュー糖が溶けて
　　60℃くらいになったら火を止める。ふやかしたゼラチンを加え、ゴム
　　べらで混ぜて溶かす。ボウルに移し、ボウルの底を氷水に当てながら
　　混ぜ、粗熱をとる。

3　1のいちごピュレを2回に分けて加えて混ぜる。さらにボウルの底を
　　氷水に当てながら混ぜて冷やし、とろみがついたらグラスに静かに注
　　ぎ入れ、冷蔵庫で8時間以上冷やし固める。

4　食べる直前に飲むヨーグルトを静かに注ぎ入れ、混ぜながら飲む。

a

フルーツポンチゼリー

ゆるめに作ったアガーのゼリーを
グラスに注ぐと、まるで飲み物のよう！

【 材料 】　4〜5人分
白ぶどうジュース（果汁100％）
　… 300mℓ
水 … 250mℓ
┌ アガー … 5g
└ グラニュー糖 … 50g
キウイフルーツ、パイナップル、
　いちご … 合わせて100〜120g

【 下準備 】
・アガーとグラニュー糖はよく混ぜ
　合わせる。
・白ぶどうジュースは室温に戻す。

1　小鍋に水を入れ、混ぜたアガーとグラニュー糖を少しずつふり入れな
　　がら、ゴムべらで混ぜる。絶えず混ぜながら中火にかけ、沸騰したら
　　弱火にし、混ぜ続けながらさらに1分ほど加熱する。

2　火を止め、白ぶどうジュースを2〜3回に分けて加え、そのつどよく
　　混ぜる。容器（ここでは18.3 × 12.5 ×高さ6.2cm）に注ぎ入れ、粗熱
　　がとれたら冷蔵庫で3時間以上冷やし固める。

3　フルーツを1cm角に切り、スプーンですくった2のゼリーと交互に
　　グラスに入れる（a）。

a

梅酒ソーダゼリー

つるりとしたのど越しのよい梅酒のゼリーに
梅酒ソーダを注いだ、さわやかな一品。

【 材料 】　4〜5人分
梅酒 … 140㎖
水 … 220㎖
┌ アガー … 4g
└ グラニュー糖 … 40g
梅酒ソーダ
│ 炭酸水 … 適量
│ 梅酒 … 適量

【 下準備 】
・アガーとグラニュー糖はよく混ぜ合わ
　せる。
・梅酒は室温に戻す。

1 小鍋に水を入れ、混ぜたアガーとグラニュー糖を少しずつふり
　入れながら、ゴムべらで混ぜる。絶えず混ぜながら中火にかけ、
　沸騰したら弱火にし、混ぜ続けながらさらに1分ほど加熱する。

2 火を止め、梅酒を2回に分けて加え、そのつどよく混ぜる。容
　器（ここでは 15.4 × 10.3 ×高さ 5.7㎝）に注ぎ入れ、粗熱がと
　れたら冷蔵庫で3時間以上冷やし固める。

3 2のゼリーをスプーンですくってグラスに入れ、炭酸水と梅酒
　を2：1の割合で混ぜた梅酒ソーダを注ぎ入れる。

モヒートゼリー

キューバ発祥のカクテル「モヒート」を
さわやかなゼリーに仕立てました。

【 材料 】　容量230mlのグラス３個分
水 … 400ml
スペアミントの葉 … 5g
グラニュー糖 … 40g
┌ 粉ゼラチン … 5g
└ 水 … 大さじ１
ライム果汁 … 40ml
ラム酒 … 大さじ２
ライムの輪切り … 適量

【 下準備 】
・粉ゼラチンは水でふやかす。

1　小鍋に水とスペアミントを入れ、中火にかける。沸騰したら火を止めてふたをし、５分おいてミントの香りを移す。茶こしでこし、400ml用意する。足りなければ水を足す。

2　小鍋に戻し、グラニュー糖を加えて中火にかける。グラニュー糖が溶けて 60℃ くらいになったら火を止める。ふやかしたゼラチンを加え、ゴムべらで混ぜて溶かす。ライム果汁、ラム酒を順に加え、よく混ぜる。

3　ボウルに移し、ボウルの底を氷水に当てながら混ぜて粗熱をとる。とろみがついたら容器（ここでは 18.3 × 12.5 ×高さ 6.2cm）に注ぎ入れ、８時間以上冷やし固める。

4　グラスに、ライムの輪切りとスペアミントの葉（分量外）を入れ、３のゼリーをスプーンですくって入れる。

memo　モヒートは本来、樽熟成していないホワイト・ラムで作るがダーク・ラムなど、手元にあるもので作ってもよい。

高石紀子 たかいし・のりこ

菓子研究家。ル・コルドン・ブルー神戸校、パリのリッツ・エスコフィエでフランス菓子を学び、ホテル・リッツ、パティスリー「ブレ・シュクレ」などで経験を積む。帰国後は菓子教室や、ポップアップやオンラインでの菓子販売などを手がける一方、雑誌や書籍で活躍中。香りや食感を大切にした素材使いや、ポイントを押さえた作りやすいレシピに定評がある。著書に『失敗なしで絶対おいしい！チーズケーキとチョコレートケーキ』『365日のパウンドケーキ』『こっくり甘い濃厚プリン、まろやかな食感の伝統菓子フラン』（いずれも主婦と生活社）などがある。
https://norikotakaishi.com
Instagram @norikotakaishi

ブックデザイン	三上祥子（Vaa）
撮影	宮濵祐美子
スタイリング	西崎弥沙
調理アシスタント	栗田茉林
校正	安久都淳子
DTP制作	天龍社

あたらしい食感を味わう

おとなのゼリー

2023年5月20日　第1刷発行

著者	高石紀子
発行者	河地尚之
発行所	一般社団法人　家の光協会
	〒162-8448
	東京都新宿区市谷船河原町11
	電話　03-3266-9029（販売）
	03-3266-9028（編集）
	振替　00150-1-47244
印刷・製本	図書印刷株式会社